MUSIC WAS MY FIRST LOVE (John Miles)

VORWORT ZU TEIL 2 VON BLOOD ON THE ROOFTOPS (Februar 2017)

Ich hatte einen anderen Plan... "Blood On The Rooftops Teil 2 - Die Bilder" sollte mein neues Werk heißen. Fotos aus meinem Privatarchiv, Landschaften, Stadtecken, Idyllen, Haustiere, aus meiner Musiksammlung, solche Sachen wollte ich als Fortsetzung und Abrundung des Buches "Blood On The Rooftops - Notizen über Musik und Mehr" haben. Aber der Teufel steckt bekanntlich im Detail. Aus einem gewissen technischen Grund lässt es sich einfach nicht bewerkstelligen. Dann rüber zu Plan B, hahaha... Diese Seiten entwickeln sich organisch noch ein bisschen weiter und können sicherlich eine Erweiterung vertragen. Daher WELCOME TO THE HOTEL CALIFORNIA....

Für Vater (6.8.1935 - 17.2.2017)

Hotel California Songtext Übersetzung

Auf einem dunklen Highway in der Wüste, mit einer kühlen Brise im Haar

Der warme Duft von Colitas lag in der Luft [4]

Vor mir am Horizont sah ich ein schimmerndes Licht

Mein Kopf wurde schwer und meine Augen müde

Ich musste anhalten, irgendwo übernachten

Da stand sie im Türrahmen, ich hörte die Kirchenglocke

Da sagte ich zu mir selbst, das kann die Hölle sein - oder der Himmel

Dann zündete sie eine Kerze an und zeigte mir den Weg

Stimmen waberten durch den Korridor, und ich glaubte, sie sagen zu hören

Willkommen im Hotel California

So ein wundervoller Ort

So ein schönes Gesicht

Viele Zimmer frei im Hotel California

Zu jeder Jahreszeit

Kannst du es hier finden

Ihre Gedanken kreisen nur um Juwelen, sie fährt auf Mercedes ab [1]

Sie hat viele hübsche, hübsche Jungs, die sie Freunde nennt

Wie sie im Hof tanzen, süßer Sommerschweiß

Manche tanzen, um sich zu erinnern, manche, um zu vergessen.

Also rief ich den Ober: "Bitte bringen sie mir meinen Wein"

Sagt er: "Wir hatten so viel Lebensfreude hier seit 1969 nicht mehr"

Und noch immer rufen diese Stimmen aus weiter Ferne

Wecken dich mitten in der Nacht, nur um sie sagen zu hören...

Willkommen im Hotel California

So ein wundervoller Ort

So ein schönes Gesicht

Sie machen Party im Hotel California

Welch eine nette Überraschung

Bringt eure Alibis...

Spiegel an der Decke, rosa Champagner auf Eis

Und sie sagt "Wir sind alle Gefangene unserer selbst hier"

Und in den Suiten versammelten sie sich für das Fest

Versuchen, es mit ihren stählernen Messern zu erstechen

Aber sie können das Tier einfach nicht töten [2]

Das letzte, an was ich mich erinnere, ist, dass ich zur Tür rannte

Ich musste den Weg zurück an den Ort finden, an dem ich vorher war.

"Entspann dich", sagte der Pförtner, "Wir sind nur auf Empfang eingestellt [3]

Du kannst auschecken, wann immer du willst, doch du kannst niemals wirklich gehen."

_____

Über die Interpretation ist schon viel gesagt worden, das kann man anderswo ausführlich nachlesen. Ich persönlich halte "Metapher für Drogensucht/Sünde" für besser als "Metapher für Satanismus".

[1] "To have the bends" ist ein Ausdruck aus der Tauchersprache, der die sogen. Taucherkrankheit (geistige Verwirrung/Euphorie bei zu schnellem Druckwechsel) bezeichnet. Hier ein fast unübersetzbares Wortspiel mit "Benz".

[2] Egal welcher Interpretation man anhängt, "beast" verweist im Englischen oft auf den Teufel, in der altmodischen deutschen Variante "das Tier". Wer weniger der Satanismus- als eher der Sucht-Interpretation folgt, kann hier auch mit "Dämon" übersetzen, gemeint sind die eigenen Dämonen, in erster Linie die Sucht.

[3] Mehrdeutigkeit. "Auf Empfang programmiert" ist ein Radio, übertragend gemeint ist hier auch "wir sind nur darauf eingestellt, daß jemand kommt und nicht darauf, daß jemand geht". Das kann man dann wiederum als Verweis auf die Hölle sehen oder auf die Tatsache, daß man eine Sucht niemals wirklich los wird, sondern sie allenfalls unterdrücken kann (so wie ein Alkoholiker niemals frei wird, sondern mit dem ersten Drink rückfällig wird).

[4] Colitas sind (im mexikanischen Slang) Cannabis-Blüten.

DANKE AN SONGTEXTE.COM!

Songs mit bedeutungsvollen Texten, Hinweisen, auch mal falschen Fährten, mit Aussagen oder einfach surrealistisch, wie auch immer, solche Texte finden auch heute den Weg zu Songwritern: Judith Holofernes (ex-Wir sind Helden), Bands der Hamburger Schule, Laura Marling usw. Neben Hotel California sei auf Klassiker hingewiesen, wie Stairway To Heaven (Led Zeppelin), Lucy In The Sky With Diamonds (The Beatles), A Day In The Life (The Beatles, deutsche Übersetzung im 2. Beatles-Kapitel im 1. Buch), Blood On The Rooftops (Genesis), Supper´s Ready (Genesis), Time (Pink Floyd), Hiroshima (Wishful Thinking), What´s Going On (Marvin Gaye), Wuthering Heights (Kate Bush) und viele andere. Legendär die Songs von Nancy Sinatra, die an harmlose Texte glaubte, was oft nicht so war... Bestes Beispiel:

These Boots Are Made For Walking Lyrics

New! Highlight lyrics to add Meanings, Special Memories, and Misheard Lyrics...

You keep saying you got something for me

Something you call love but confess

You've been a'messin' where you shouldn't 've been a'messin'

And now someone else is getting all your best

Well, these boots are made for walking, and that's just what they'll do

One of these days these boots are gonna walk all over you

You keep lyin' when you oughta be truthin'

You keep losing when you oughta not bet

You keep samin' when you oughta be a'changin'

What's right is right but you ain't been right yet

These boots are made for walking, and that's just what they'll do

One of these days these boots are gonna walk all over you

You keep playing where you shouldn't be playing

And you keep thinking that you'll never get burnt,hah

Well, I've just found me a brand new box of matches, yeah

And what he knows you ain't have time to learn

These boots are made for walking, and that's just what they'll do

One of these days these boots are gonna walk all over you

Are you ready, boots?

Start walkin'

DANKE AN METRO LYRICS

Vor allem Sport...

Im Buch Teil 1 wird kaum über Sport informiert. Die letzten Jahre häuften sich die Skandale in einem Umfang (FIFA, IOC), das ich keine Lust darauf hatte, ein Kapitel aufzumachen. Da das Original-Buch sich im Laufe der Entstehung mehr und mehr zu einer verkappten Biografie entwickelte (auf Media-Basis sozusagen), doch ein paar Zeilen zum Sport... Das legendäre 7:4 des ruhmreichen 1.FC Kaiserslautern wurde schon erwähnt (Kapitel "1973" in Buch Teil 1). Die Roten Teufel vom Betzenberg hatten weitere große Spiele, z.B. das 5:0 gegen Real Madrid im UEFA-Cup (heutige Europa-League)-Halbfinale 1982. Es ist bis heute die höchste Europacup-Niederlage, die Real je einstecken musste! Meine ersten Olympischen Spiele, die ich bewusst erlebte, war München 1972. Eines Tages war in der Schule Turnunterricht und statt Reck stand da ein Fernseher - es war der Morgen nach der Geiselnahme der israelischen Sportler durch die Terror-Organisation Schwarzer September. Ein Tag zuvor Jubelbilder mit Ulrike Meyfarth und Co durch 3 x deutsches Leichtathletik-Gold innerhalb einer knappen Stunde. Im Laufe der Jahre drückte ich die Daumen für Liverpool FC, Barca, Schalke UND BVB, Juve, Katarina Witt und Franziska van Almsick, Michael Groß und Boris Becker, Steffi Graf und Maria Sharapova, Carl Lewis und Michael Jordan, Michael Schumacher und Dirk Nowitzki und Katja Seizinger.... Man weiß von der Doping-Problematik, aber wenn Usain Bolt in einem 100m-Finale läuft... Klar, gucken! Der Autor und Sport? 3 legendäre Fußball-Spiele (in einem sogar 2 Tore!!!!), ansonsten Tischtennis und Dart. Als 11, 12jähriger war ich in der TSG Kaiserslautern beim Leichtathletik, aber na ja... Volleyball spiele ich gerne.

Comedy und Satire

Satire fand ich schon immer klasse. Dieter Hildebrandt mit Notizen aus der Provinz und dann der legendäre Scheibenwischer. Die letzten Jahre ist DIE ANSTALT (ZDF) ein Muss und natürlich die heute-show. Comedy = Heinz Erhard (legendäre Filme, Worteakrobat), Otto Waalkes (in den 70ern seine aktuellen Programme in der ARD), Emil Steinberger, Dieter Hallervorden (Nonstop Nonsens, mittlerweile Topschauspieler: Honig im Kopf)), Loriot (komplette TV-Shows beim Autor im DVD-Fach), Michael Mittermeier, Anke Engelke, Olli Dittrich (Dittsche!), Bully Herbig (Der Schuh des Manitu), Ingo Appelt, Dieter Nuhr u.v.a. Nichts bringt mit schwarzem Humor, Animationen und Wortspielen den Zeitgeist der Ende 60er/Anfang 70er Jahre so gut rüber wie der Monty Python Flying Circus! Zu erwähnen auch die Harald Schmidt-Show in der SAT 1-Version. Oder die Zeiten von 7 Tage - 7 Köpfe (RTL).

Nicht zu vergessen RTL Samstag Nacht und die SAT 1-Wochenshow. Mario Barth ist scheiße!

TEIL 2 heißt auch, es wurden Leute in TEIL 1 vergessen... Da wäre ich beim Grundthema Musik: ich kann nun schreiben was ich will, es werden trotzdem 1000 Songs fehlen... Crazy von Seal oder Crazy von Gnarls Barkley, The Concerts of China von Jean Michel Jarre oder Bryan Adams, Pat Benatar, Barry White, Dream Theater, Rory Gallagher, Brandy & Monica und wie sie alle heißen... Simply Red oder Chris de Burgh fehlen extra, lach, wir reden schließlich von Musik.... Und ICH HASSE NICKELBACK!!! Jetzt weiß ich gar nicht... Kommt Randy Newman im Buch vor? Ist wichtig! Das Album Little Criminals...Waterfalls von TLC fehlt glaub ich auch, ich schreibs mal hin... Ein Sakrileg ihn zu vergessen: der unvergleichliche John Denver! Ein richtiger Rockfan hasste in den 70ern den Mann. Ich nie, weil ich die grandiosen Countryfeelings erkannte: Annie´s Song! Mit TV-Serien und Filmen könnte ich jetzt so weitermachen, lach... Ich glaube Eine amerikanische Familie mit Kristy McNichol war noch nicht genannt - Teeniezeiten... Ich hatte eine große Videosammlung, die ich selbst aufnahm, nur noch Fragmente blieben übrig, bei einem großen Aderlass - das braucht man im Leben, das positive, befreiende Loslassgefühl erleben - flog (neben Mappen, usb-Sticks usw.), auch ein Großteil der Videosammlung Richtung Müllcontainer. Besagter Rory Gallagher in einem Konzert, diverse Filme wie Beverly Hills Cop I & II oder Catchfire, TV-Serien von Miami Vice bis Der Fahnder, 2 oder 3 Videocasetten nur mit 20 Jahre MTV mit zig Videoclips, Genesis in Knebworth 1992, da war was geboten. Kennt noch jemand den MTV-Headbangers Ball? Hatte ich da auch drauf, z.B. stundenlang Aerosmith. Heute regieren andere Mediaträger, ein kleiner Click am PC oder Smartphone und jeder auf dem Planeten landet in der großen, bunten Welt mit you tube-Stars (mit Millionen Clicks), Musikplattformen, Filmstreamdiensten usw. Serien laufen auf amazon oder netflex. Mit einer cleveren Idee ist ein Millionenkonto möglich - ich sag nur Gangnam Style...

Schlager

Juliane Werding, Marianne Rosenberg, Udo Jürgens, Peter Alexander, Howard Carpendale, Milva, Michael Holm, Drafi Deutscher, Manuela, Daliah Lavi, Bernd Clüver, Vicky Leandros, Christian Anders, Katja Ebstein.... In den 60ern und 70ern des 20. Jahrhunderts war Deutscher Schlager oft gut hörbar. Manches wurde als Schlager bezeichnet, das heute nicht im Schlager-Genre stattfinden würde. Heute trällern Tim Bendzko oder Yvonne Catterfeld angeblich Pop, wäre in den 70ern in der ZDF-Hitparade von Dieter-Thomas Heck gelandet. Würde "Liebe kann so weh tun" oder "Wunder gibt es immer wieder" 2017 veröffentlicht, wäre es im Pop-Radio...Sicherlich sind manchmal die Grenzen fließend: Ist Rosenstolz Pop oder Schlager? Manche Deutschrock-Ikone aus den 80ern schlittert ab und zu Richtung Schlager... Heute gilt ein Lied als Schlager wenn es bum bum macht und massensaufgröhltauglich ist: Helene Fischer, Beatrice Egli, Andrea Berg... Guter Schlager heutiger Prägung wird in der Abteilung Deutsch-Pop geführt.

Zeit ist eine lange Straße Lyrics Jürgen Drews

Jürgen Drews - Zeit ist eine lange Straße Songtext

Ich seh' Dich einsam jede Nacht (einsam).

Sag mir, was Dich so traurig macht.

(was dich so traurig macht)

Du glaubst die Welt ist gegen Dich,

lacht Dich aus und lässt Dich im Stich.

Doch ich sag Dir: Steh auf, Shubidubi-duwap.

Komm mit, Shubidubi-duwap.

Hab Mut, Shubidubi-duwap.

Denk dran, Dein Leben fängt doch erst an.

[Refrain]

Zeit ist eine lange Straße,

die nur in eine Richtung führt (eine lange Straße).

Drum gib nicht auf, Du lebst nur einmal.

Und auch Du weißt nie, was morgen wird.

Geh Deinen Weg.

Du warst zum ersten Mal verliebt (Liebe),

voller Träume, die es einmal nur gibt.

(Deine große Liebe)

Nun wachst Du auf und fühlst Dich leer

(Du fühlst Dich so leer)

Du glaubst, Du siehst die Sonne nie mehr.

Doch ich sag Dir: Steh auf, Shubidubi-duwap.

Komm mit, Shubidubi-duwap.

Hab Mut, Shubidubi-duwap.

Denk dran, Dein Leben fängt doch erst an.

[Refrain]

Du fühlst Dich draußen vor der Tür (vor der Tür),

doch auch mir geht es genau wie Dir.

(Ich kann Dich verstehen)

Lass uns doch gemeinsam geh'n (miteinander geh'n),

dann wird die Zeit auf unsrer Seite steh'n.

Komm, ich sag Dir: Steh auf, Shubidubi-duwap.

Komm mit, Shubidubi-duwap.

Hab Mut, Shubidubi-duwap.

Denk dran, Dein Leben fängt doch erst an.

MAGIC

GERD STEINKOENIG·DIENSTAG, 9. AUGUST 201618 Mal gelesen

Weiter immer weiter... Das Raumschiff Erde rast in unglaublicher Geschwindigkeit und dabei sich drehend durchs Universum. Durch die Gravitation fallen wir sogar nicht runter, hahaha ;-) Alles wirkt für die meisten Menschen selbstverständlich: die auf- und untergehende Sonne, die Jahreszeiten, die Erde als "ist halt da, ist halt so". Das komplzierte Natursystem wird gerauhbaut, verwundet, getötet. Die Sauerstoffvorräte könnten zu Ende gehen, wenn immer mehr Wälder gerodet, gebrandstiftet und vorallem, wenn die Algen aus den Ozeanen verschwinden! Für den Profitgeier Mensch egal - nach mir die Sintflut... Der Ausgleich in der Tierwelt ist am Wanken: wenn die Wale verschwinden als Meerespolizei, stirbt der Ozean. Was juckt das schon den Menschen... Monopolkulturen in der Landwirtschaft, grausame Rituale bei der Tiertötung, Wilderer für die elfenbeingeilen und potenzgläubigen Asiaten, Totengräber der freien Kultur in der Natur wie Monsanto oder Nestle

(Wasserprivatisierung? Gehts noch?), Verweigerer des dramatischen Klimawandels (für Nazis wie Trump oder AfD eine Lüge), die Liste liese sich beliebig fortsetzen! Und der Planet Erde, unser Raumschiff, rast unbeeindruckt von seiner Krankheit Homo Sapiens, durch das Weltall, seit Milliarden Jahren im Einklang mit den Gravitationen des Sonnensystems. Aber Maaagic! Es wird der Tag kommen, nach Nostradamus in gut 1000 Jahre, dann sind die "Kinderkrankheiten" der Spezies Mensch ausgerottet und wir unterscheiden uns intelektuell und gefühlsmäßig um Quanten positiv von der heutigen Menschheit. Die Überwindung alter Reaktionen aus Instinkt - das momentane Tiersein des Menschen - wird gelungen sein. Mmh, klingt jetzt blöd, beleidigt ja die Tiere, lach ;-) Eines ist sicher: die Natur braucht den Menschen nicht, überhaupt nicht, aber wir die Natur. Nun, wie gesagt: gewisse Instinkte, Rassismus, Monsanto, Profitgier und Co werden in gut 1000 Jahren verschwunden sein und die berühmt-berüchtigte Liebe obsiegt. Iss ja nicht mehr lange hin - na ja, bis dahin hat die NASA einen Ersatzplaneten gefunden, denn in ca 1 Milliarde Jahre ist es eh zu heiß wegen der sterbenden Sonne, hahaha :-D Maaagic: der ewige Kreislauf... Irgendwann fängt alles von vorne an - nach dem Urknall ist vor dem Urknall :-D

Derrick, Der Alte = Susanne Uhlen, Evelyn Opela...

Klassiker: der 6-Teiler Der König von St. Pauli! Bonnie Tyler singt das Titelthema.

Berlin, der Anschlag

GERD STEINKOENIG·DIENSTAG, 20. DEZEMBER 2016·10 Mal gelesen

Ich dachte es mir schon, nach den gestrigen Informationen, jetzt war es doch ein Anschlag. Ich denke an die Opfer, deren Familien, PRAY FOR BERLIN. Aber was war letzte Nacht auf facebook wieder alles zu lesen, als noch überhaupt nicht feststand, ob es ein Anschlag war. Vom üblichen MERKEL-BASHING, zur üblichen Flüchtlingshetze, die üblichen Bekannten unter den fbFreunden. Denen war/sind die Toten egal, die wollen nur hetzen, unsere FreiheitlichDemokratischeGrundordnung zerstören. Diese Hetzer, oft aus der AfD/Nazi-Ecke - freuen sich eher noch über solch einen grausamen Anschlag. Das bestätigt in ihren Augen ihr Merkel-Bashing, ihre Flüchtlingshetze. Letzte Nacht las ich eine fb-Freundin, die sich auch durch kluge Statements performte und bekam um die Ohren. Bei Spiegel Online hier auf facebook genauso viel brauner Dünnschiss. Und ich bekam u.a. KRACH mit einer lieben fb-Freundin, d.h. Ex-fb-Freundin, hab sie vorhin geblockt (zum 2.mal, jedesmal wegen ihrer politischen Blauäugigkeit, ihrem treuen Glauben an InternetWahrheitsgurus). Als Gutmensch wurde ich auch wieder beleidigt (müsste ja dann von einem Schlechtmensch gewesen sein...). Seit letzte Nacht merke ich endgültig, welch GROßER RISS IN UNSERER GESELLSCHAFT existiert. Die Einen, solche ach so schlimmen GUTMENSCHEN wie ich, die vernünftige, demokratische Lösungen wollen, die die Probleme erkennen, aber langfristige, positive Entscheidungen für die Gesellschaft wollen und zwar von demokratischen Parteien und die differenzieren können und nicht schwarzweiß sehen und die an Fakten interessiert sind. Die Anderen, die "besorgten Bürger", die 20% aus der rechten Ecke, denen Fakten am Arsch vorbeigehen, die am Liebsten alle Ausländer und Flüchtlinge abschieben wollen oder manche würden auch wieder die KZs aufbauen, die Menschenfeinde sind und die nur ihre eigene Meinung gelten lassen - alles andere sind "VOLKSVERRÄTER", nur sie sind ja das Volk. Ich befürchte stark, das diese 2 Gesellschaftsgruppen nicht unter einem Hut zu bringen sind.

Gemeinsam sind wir stark, das wäre eine wichtige Voraussetzung, um uns gegen Terror, aus welcher Philosophie auch immer, wehren zu können. Wenn wir uns als Deutsche Gesellschaft zerfleischen, hat der Terror sein Ziel erreicht. Siehe USA... GEMEINSAM GEGEN DEN TERROR!!!

Gerd Steinkoenig

7. Mai 2014 ·

Wahrheiten....

... sind relativ! Speziell seit ich bei facebook bin, krieg ich sie von allen Seiten erzählt, die einzig wahre Wahrheit! Die Mainstreammedien sind prinzipiell in den Händen von den Bösen, wenn nichts mehr nützt, "links unterwandert" zieht immer. NUR was Verschwörungsfanatiker erzählen ist wahr, solche Zauberer wie Ken FM (auf den ich auch monatelang reingefallen bin, ist in Wahrheit ein schlimmer Hetzer). In den letzten Jahren hab ich im Internet diesbezüglich meistens Schwarz/Weiß-Denken erfahren ohne Differenzierungen. ARD-Tagesschau ist prinzipiell schlecht, irgendein Internetguru ist prinzipiell gut. Was ein Bullshit! Oh, mir ist schon klar, das viele Medien gesteuert sind, das viele Medien zu bestimmten Interessen der Einflüsterer aus Politik und Wirtschaft schreiben, das viele Medien von Der Spiegel bis Stern bis Blöd ääh Bildzeitung Verbindungen zu obskursen NATO-Zulieferer-Organisationen haben. Und die Rechten pochen dann auf ihre einzig wahre Wahrheit in der "unabhängigen" Zeitung Junge Freiheit. Und die Wahrheitssucher meinen leider zu oft wörtlich, nur im Internet wird aufgedeckt, Augen geöffnet, einzig wahre Wahrheit gesagt. Da sind GENAUSO Meinungsinteressen im Hintergrund! Besonders krass tritt dies in der Ukraine-Krise zu Tage. Aber da enden meine Zeilen, JEDE Meinung duldet auch nicht facebook.... Also, liebe Leute, bildet Euch Eure EIGENE Meinung, nutzt JEDES Medium von Blödzeitung meinetwegen, bis Tagesschau, heute-journal oder Spiegel oder FAZ oder all die Internetwahrheitsverkünder. Aber bildet Euch Eure EIGENE Meinung :-) <3 ALL YOU NEED IS LOVE (The Beatles 1967).

PS 2017: Mittlerweile gibt es die alternativen Wahrheiten, Fake-News, Compuerprogramme statt Menschen als facebook-Meinungen usw. Und US-Präsident Trump twittert und hetzt gegen Presse, Wahrheiten, Andersdenkende.... Und sein rechtsradikaler Chefberater Bannon will die Demokratie abschaffen und sagt für die nächsten 10 Jahre einen Krieg gegen China voraus. Was wohl alles geschah, wenn ich diese Zeilen in 10 Jahren lese? Alles nur heiße Luft und Trump wurde mit dem Lasso eingefangen? Oder entstand/entsteht eine neue Weltordnung mit egoistischen Nationalstaaten ohne Lust auf Menschlichkeit, Frieden und Schutz von Klima und Erde?

WO WAR man am Tage des Berliner Mauerfalls? Bei 9/11? Bei der 1. Mondlandung 1969? (Jaaa!! Wir waren auf dem Mond! Auch wenn Verschwörungstheoretiker an ihren absurden Theorien stur festhalten und Gegenbeweise wiederum als Verschwörungstheorie abtun)

Wo ich beim Mauerfall war? Keine Ahnung! Ich hab nicht mal eine Idee... Bei der Mondlandung von Neil Armstrong war ich 9, aber ich weiß noch, wie überall die Fernseher liefen und beim einkaufen mit Mutter ich in den Geschäften in den mit Vorhang abgedunkelten Nebenraum linste, wo die Liveübertragung lief... Bei 9/11 kam ich nach Hause, schaltete die ARD ein und dachte, da hinten kommt doch im Livebild hinter dem Tagesschau- oder Tagesthemensprecher ein Flugzeug Richtung 2. Turm, während ich die Informationen baff vernahm. Und während der Sprecher vom Flugzeug in den 1. Turm sprach, sah ich, wie hinter ihm im Livebild das 2. Flugzeug in den 2. Turm bretterte.

Gerd Steinkoenig

19. März 2014 ·

LISTENREICH....

... ist ein informatives und gleichzeitig amüsantes Buch von Bernd Gockel mit allen möglichen Musiklisten. Ist ja auch so eine Lieblingsbeschäftigung von mir, immer wieder mal eine Albumliste oder sonstwas zu erstellen. Und IMMER fehlt ein Lieblingsalbum, Lieblingssong, Lieblingskünstler.... Jetzt bin ich zu mir selber brutal, lach, und jeweils nur EIN Album etc wird erwähnt - nun bin ich selbst gespannt, dann mal los:

Beste Album 60er - The Beatles - The Beatles (1968)

Beste Album 70er - Dark Side Of The Moon - Pink Floyd (1973)

Beste Album 80er - The Joshua Tree - U 2 (1987)

Beste Album 90er - Use Your Illussion I & II - Guns n Roses (1991)

Beste Album 2000er - A Rush Of Blood To The Head - Coldplay (2002)

Beste Livealbum - Seconds Out - Genesis (1977)

Beste Konzertfilm - The Song Remains The Same - Led Zeppelin (1976, 1973)

Beste Song 60er - A Day In The Life - The Beatles (1967)

Beste Song 70er - Blood On The Rooftops - Genesis (1976)

Beste Song 80er - Cloudbusting - Kate Bush (1985)

Beste Song 90er - Smells Like Teen Spirit - Nirvana (1991)

Beste Song 2000er - Viva La Vida - Coldplay (2008)

Bester deutschsprachiger Song 70er - Cowboy Rocker - Udo Lindenberg (1974)

Bester deutschsprachiger Song 80er - Bahnhofskino - BAP (1984)

DER Megaübersong - Stairway To Heaven - Led Zeppelin (1971)

Grandioseste Gitarrensolo - Comfortably Numb - Pink Floyd (1979 - David Gilmour 1994)

Grandioseste Hardrockgitarrensolo - Highway Star - Deep Purple (Made In Japan 1972, Ritchie Blackmore)

Bester Dancesong ever - Unfinished Symphathy - Massive Attack (1991)

Bestes Instrumental - Sense Of Doubt - David Bowie (1977)

Ein kleiner Versuch - aber es ist und bleibt unmöglich, solch eine Liste auf jeweils eine Nennung zu beschränken.... Hotel California (Eagles) fehlt, Metallica fehlt, Stevie Wonder fehlt, und nur EIN Konzertfilm.... Secret World Live (Peter Gabriel) fehlt, Live Rust (Neil Young) fehlt.... Nun ja, es war ein Versuch... Wie würde bei Euch solch eine Liste aussehen?

Gerd Steinkoenig

7. Juni 2014 ·

Mein Katzenmädchen Molly...

Wer erzieht wen, ist hier die Frage, ha ha ha :-) In den letzten Monaten ist Molly besonders viel im Revier. Sie will es, sie braucht es, kein Problem. Aber natürlich die Rituale.... Hole ich sie zu spät rein, mault sie mich an, was mir eigentlich einfällt, Madame so spät zu holen. Faszinierend und da bin ich ganz stolz: ihre unerschütterliche Treue :-) Wenn sie nicht noch draußen ist im Revier, bei den Vögelchen und Mäuschen (oder bei einer Freundin), dann wartet sie schön brav und geduldig, am Fenstersims, unter dem Lieblingsbaum, in ihrer Heumulde usw.... Also, ich hab sie reingeholt und dann springt sie schnurstracks die Treppe hoch, an jedem Treppenabsatz blickt sie sich nach mir um, ob ich auch komme, verbunden mit einem kleinen Miau und/oder einem Augenbetzen, denn Huuuuunger.... ;-) Wohnungstür aufgeschlossen und mit erhobenen Schwanz sofort zum Futternapf. Meine Katze frisst dann nicht unbedingt, sondern sie hat sich vergewissert, aha, Futter da. Also rauf auf die Chefsessellehne, ganz brav katzelig sich hinsetzen, den "ich bin ja sooo ein armes Kätzchen"-Blick aufsetzen, und der Sklave (also ich) spurt: es gibt natürlich ihr Lieblingsleckerli.... Früher, wenn sie drin war, war sie drin. Mittlerweile hat sich meine Diva angewöhnt, wie immer mich als Schlafplatz zu benutzen, natürlich mit viel Streicheleinheiten. Aber wenn ich zu oft aufstehe, schwupp, trottet sie an die Wohnungstür, schaut mich treu an, miaut, Kätzchen will raus.... Dann natürlich das gleiche Spiel... siehe oben... ha ha ha ;-)

Nicht zu vergessen unsere Unterhaltungen - Dr. Doolittle lässt grüßen ;-) Untertitel könnte auch sein: wer erzieht wen in diesen Momenten am Besten.... Immer wieder werden Situationen abgecheckt, kann ich das, darf ich das.... Oder sie stellt mich vor vollendete Tatsachen, lach ;-) Mit Molly wird es NIE langweilig und sie ist immer gut für die Seele mit ihrer emotionalen Intelligenz. Und natürlich gibt es diese grandiosen Momente, da braucht das Katzenmädchen ihre Seelenstreicheleinheiten :-) Da wird geschnurrt und sich gestreckt und sie hält "wie ein Lämmchen" - nach 15 Minuten fällt dem Sklaven zwar der Arm ab, ha ha ha, aber scheißegal, es ist so toll, diese Momente erleben zu dürfen, mit dem - wie ich sie immer lobe - hübschesten, bravsten, liebsten, intelligentesten, cleversten, treuesten Kätzchen auf der Welt.... :-)

Molly´s Revier - the next Katzenstory....

20. März 2014 um 16:46

Heute morgen die üblichen Rituale... Guten Morgen... Fensterbank... Streicheleinheiten... Leckerli (sie futtert selten morgens, aaaber ihr Lieblingsleckerli....), und dann zog es sie gleich raus, miaauuu, will raus, an-Tür-steh, mich-anguck, und natürlich erfüllte ich ihren Wunsch. Hab sie vom Wohnzimmerfenster aus ein paar mal beobachtet. Wie sie ihr Revier abläuft, ihre Stammplätze besucht, neugierig schnuppert, zwitschernde Vögel beobachtet, einfach herrlich :-) Was durfte ich grandiose Begebenheiten beobachten im Laufe der letzten 9 Jahre! In den Anfangsjahren waren viele andere Katzen im Revier. Eines Abends holte ich sie rein, ich nahm sie auf den Arm und die anderen Katzen glotzten, wie Katzen in dem Moment halt glotzen. In diesem Augenblick war sich Molly ihrer Situation bewusst und präsentierte stolz ihre Katzenbrust, sie wurde immer "größer", den anderen Katzen "sagend": seht her, das ist mein Herrchen, hab ich den nicht gut erzogen.... Oder der Samstagmorgen, als sich 5 oder 6 Katzen inklusiv Molly - jede auf ihrem Platz über das Revier verteilt - sich beobachteten, insgeheim ihr Revier verteidigend. Eine "Ewigkeit" keine einzige Bewegung, nur sich beobachtend.... Seitlich auf einer Fensterbank, die Freundin von Molly, die ganze Szenerie chefmäßig begutachtend. Ein Bild für Götter.... Oder als sie als kleines Katzenmädchen ihre erste Maus entdeckte. Hinter einem Stein in einer Ritze arbeitete sie sich durch, aber ich so, tja, Feierabend, es geht rein. Ich trug sie hoch in die Wohnung und Molly war ganz aufgeregt, konnte sich nicht beruhigen. Gerd mit Katze wieder runter und schwupps, steuerte sie zielstrebig die Mausstelle an und kratze und schabte und suchte voller Inbrunst weiter.... Tage später präsentierte sie mir stolz miauend ihre erste Maus: komm her, war ich nicht brav, hab ich doch toll gemacht.... Letzte Woche machte ich groben Frühjahrsputz im Garten und Molly war natürlich auch draußen. Aufeinmal zeigte sie mir, was sie sich beigebracht hatte: sie kletterte wie eine Bergziege einen Jägerzaun hoch. eigentlich könnte sie durchschlupfen, drüber springen. Aber nein, das macht mehr Spaß - und es sah so putzig aus, unbeschreiblich.... Und wie sie aus purer Lebensfreude einen Baum aus dem Stand 3 Meter hochsprang und wieder weg schwuppte.

Mal wieder ne Musikstory...

7. Februar 2014 um 17:36

Hier bei meinen Notizen hab ich ja schon diverse Musikstorys verfasst (und woanders). Auch über die diversen Generationsgeschmäcker. Nun eine neue Version:

Katzenmädchen Molly schläft auf ihrer Lieblingsdecke - da hab ich verloren, die krieg ich nie mehr.... Auf meinem PC läuft "The Raven" von Alan Parsons Projekt - übertönt vom nachbarschaftlichen, gewohnten Hip Hop.... Er hört auch Techno, zynisch gesprochen, die Vorstufe zum MitklatschMutantenstadl. Mit 20 das BumBum, mit 50 das KlatschKlatsch - wo ist eigentlich der Unterschied? Oh, ich höre auch Hip Hop und Techno, nichts lass ich auf Eminem oder Sven Väth kommen! Aber es gibt doch nichts Geileres, als in jeder Sparte Musik reinzuhören: meine (generationsbedingten?) Topfavoriten aus Rock, Progrock, Metal, Pop, Punk, Wave, Reaggae, Jazz, Blues von den Beatles bis Stones, Pink Floyd bis Genesis, Kate Bush bis Neil Young, Led Zeppelin bis Depeche Mode, Miles Davis bis Bob Marley, BAP bis Nena, Deep Purple bis Bruce Springsteen, David Bowie, Sade, Tina Turner, Metallica, AC/DC, Frank Zappa, Jethro Tull, Earth Wind & Fire, Donna Summer, Cream, Jimi Hendrix, Janis Joplin, REM, Nirvana, U 2, The Police, Ella Fitzgerald, Madonna, Yes und und und, muss ja mal aufhören mit der Aufzählung, ha ha ha ;-) Und heute will ich immer wieder neue Musik entdecken, neue Sounds, neue Vibrations, Text und Bauchgefühl. MelodicRock von Coldplay oder RMB von Beyonce, Dream Theater oder neuerdings unser Lautrer Zedd, White Stripes oder Franz Ferdinand oder Söhne Mannheims, auch da und und.... Die Weiterentwicklungen von Musikstilen: von den Sex Pistols zu Green Day, von Grandmaster Flash zu 2Pac, von Kraftwerk zu The Prodigy, vom 70er Progrock zum 2000er Progrock usw.... Ich kenne genügend aus meiner Generation, die an den selben Musikstilen sich festbeißen oder neue Sachen kategorisch ablehnen. Lieber wird zum 5637.mal das Grateful Dead-Livealbum gehört, als sich eine 2000er Rockband reinzuziehen. Und die Dylanologen erst mit ihren Kongressen (!). Viele Alternative Rock-Fans von damals, sind eigentlich heute die größten Spießer (glaubt mir, ich kenne meinen Bekanntenkreis). Trotzdem hab ich den Eindruck, die heutige Generation ist musikalisch eindimensionaler. Oh, ich kenne 17jährige, die hören Good Old RockMusic, viele aber dann doch nur die Hits (von Toto dann nur "Hold The Line" oder von Queen "We will rock you"...). Zu sehr hat MP 3 und I Pod, hat you tube oder myspace, die Musik zur Wegwerfware mutieren lassen. Ich hab zu seligen Vinylzeiten das Album vorsichtig aufgelegt, war total gespannt auf die ersten Töne (hab gerade das Knistern im Ohr), studierte das Cover mit den Texten und Kunstwerken (Roger Dean!). Heute rein auf den Kopfhörer oder PC, Auswahl unter 5000 losen Songs, und morgen ist die Nr. 1 von letzter Woche schon vergessen.... Die Zeiten wandeln sich, jeder nach seiner Fasson, jede Generation hat ihre Vorlieben und Medientechniken, ist schon klar! Ich finde trotzdem (denkt man automatisch so mit 54??) die alten Zeiten hatten für die Musik Vorteile. Ich nutze natürlich heute auch die neuen Medien, ist doch logisch (wenn ich nur an meine you tube-Sammlung denke...), aber damals gab es mehr Innovationen, Experimente, Mut für neue Sounds, Visionen, Idealismus. Nun: heute haben Plattenfirmen bedeutend weniger Geld und die Plattenbosse sind Buchhalter ohne musikalisches Gespür. Denen ist es egal, ob sie Musik oder Bananen verkaufen, Hauptsache die Kasse stimmt....

Abschließend natürlich die Symbiose zwischen allen Musikliebhabern aller Stile. Denn das ist die Hauptsache: Menschen müssen MUSIK hören, das ist gut für Bauch, Kopf und Seele. Da ist es dann egal, ob Andrea Berg, ich mit meiner "Dark Side Of The Moon", Hip Hop oder Beethoven oder sonstwas. Geschmacksache sagte der Affe und biss in die Seife ;-)

Gerd Steinkoenig

1. April 2012 ·

KREISLAUF....

..... selbst Stephen Hawking sagt, das Weltall wird irgendwann implotieren und neu entstehen. Frühling - das Leben entsteht, Herbst - das Leben verweht. In allen Religionen gibt es den Lebenskreislauf - auch Jesus ist wiederauferstanden. Und bei Buddah und den Hindus erst! Zeit ist eine Linie - trotzdem kommt bei "Linienkilometer" XY die Wiederkehr... Oder wer weiß, vielleicht gibt es 50 000 Universen - Bei Situationsentscheidung A geht Dein Leben so weiter, bei Situationsentscheidung B geht Dein Leben anders weiter... Neues Leben, neue Chance, neue Prüfung? Oder Prüfung bestanden und ab ins Licht der Erleuchtung, zur Umwandlung in Lichtenergie? Oder irgendwann kommen doch die "Vulkanier" und sagen, wir haben euch auf der Erde ausgesetzt... Wer ist Gott? Wo ist Gott? Wie sieht das Wesen aus, diese unsichtbare Macht? Wie der Betrachter ihn sehen möchte? So schließe ich, wie ich angefangen habe, mit Stephen Hawking: er meint, nach dem Leben kommt das Nichts! Ich sage: NIEMALS!!!!

3 Mal geteilt

Gerd Steinkoenig

2. Juni 2011 ·

Das erste Jahrzehnt

Zeitgeist der 1960er: Mit Schirm Charme und Melone 2011 auf arte, Beatles oder Stones auf "Good Old RockMusic", 60er Jahre-Radio auf last.fm, mittlerweile gibt´s neue Serien die in den 60ern spielen, das erste Jahrzehnt meines Lebens, Telefon mit Wählscheibe, die erste Waschmaschine, 2 Programme im TV ab 1963, Farb-TV ab 1967, APO und Minirock, JFK und Mondlandung, 2001-Odysee im Weltraum und Raumpatrolie Orion, Sommer voller Schmetterlinge, Stachelbeeren aus dem Garten...

GIRL-Groups: Shangri-Las, Ronettes, Bangles, Bananarama, Spice Girls, No Angels...

Gerd Steinkoenig

6. Februar 2011 ·

Stumme Zeugen, Version 2011

Häuser, stumme Zeugen, die seit 80 oder 100 oder 40 Jahren Menschen hören, beobachten, kommen und gehen sehen. Wenn die Schlafzimmerwand erzählen könnte - 1957 das Paar der Adenauer-Ära nach hartem Tagwerk, 1968 die kiffenden Dutschke-Jünger, 2005 die seelenlosen Playstation-Junkies. Bäume, wenn sie erzählen könnten, vor 30 Jahren spielte am Baum die Mutter als Kind, jetzt spielt am Baum das Kind des damaligen Kindes. Das Haus sah 1972 als Modernstes einen Casettenrecorder, 2011 hörte das Haus 40 Musikalben von einem usb-Stick....

1 Kommentar

PS 2017: diese Prosa ist ein vorläufer der Prosa ZEIT (siehe Buch 1)

Die erfolgreichsten ALBEN aller Zeiten

Fest steht, das die Thriller von Michael Jackson die Nr. 1 ist. Fest steht, das die Alben fast alle aus dem 20. Jahrhundert sind, meistens aus den 70er und 80er Jahren. Aber hinter der Thriller gibt es je nach Quellenangabe diverse Reihenfolgen und Verkaufszahlen. Mal ist die Back In Black auf Platz 2, dann die Greatest von den Eagles (die Hits aus der Vor-Hotel California-Ära), dann - wie hier - die Dark Side. In den Top Ten könnte auch The Wall von Pink Floyd stehen. Nach meinen Infos müsste die "1" von The Beatles in den Top 10 sein - als erfolgreichstes Album des 21. Jahrhunderts. Wieviele Alben hat eigentlich Adele von "21" verkauft? Nun, in der heutigen Musikära ist es für ein Album schwirig über 40 Millionen Einheiten abzusetzen, in Zeiten des digitalen Zeitalters. Daher werden wohl in Zukunft im erweiterten Best-Selling-Kreis immer die Thriller, die Dark Side, das Weiße Album der Beatles oder die Back in Black auftauchen. Folgend eine Liste aus der Erfolgreichsten Alben-Wikipedia:

Michael Jackson　　　Thriller　1982　Pop / Rock / R&B　　65–110 Millionen

Pink Floyd　　The Dark Side of the Moon　　1973　Progressive Rock　　50 Millionen

AC/DC　Back in Black　1980　Hard Rock / Heavy Metal　　50 Millionen

Whitney Houston / Verschiedene Interpreten　The Bodyguard: Original Soundtrack Album　1992　Pop / R&B / Soul　　45 Millionen

Michael Jackson　　　Bad　　1987　Pop / Funk / Rock　　30–45 Millionen

Meat Loaf　　Bat Out of Hell　1977　Hard Rock　　43 Millionen

Eagles　Their Greatest Hits (1971–1975)　　1976　Rock　42 Millionen

Verschiedene Interpreten　　Dirty Dancing　1987　Pop / Rock / R&B / Soul　　42 Millionen

Bee Gees / Verschiedene Interpreten　Saturday Night Fever: The Original Movie Sound Track　1977　Disco　40 Millionen

Fleetwood Mac　　　Rumours　　1977　Rock　40 Millionen

Shania Twain　Come on Over　1997　Country / Pop　40 Millionen

JODIE Foster

= Taxi Driver, Das Schweigen der Lämmer, Catchfire, Angeklagt, Maverick, Contact... Meine Lieblingsschauspielerin - zu empfehlen das Buch "Jodie Foster - Ein Porträt" (Louis Chunovic).

HUMPHREY Bogart

= Casablanca, Der Malteserfalke, Der Schatz der Sierra Madre, African Queen, Wir sind keine Engel, Tote schlafen fest... Mein Lieblingsschauspieler - zu empfehlen das Buch "Humphrey Bogart, seine Filme - sein Leben" (Alan G. Barbour)

Zur ARD-Reihe Tatort (siehe Kapitel "Die besten Serien" in Buch 1) sei noch das Buch empfohlen "Tatort - Recherchen und Verhöre, Protokolle und Beweisfotos" (Eike Wenzel) aus dem Jahr 2000. Im Buch "Der Kommissar - die Serie und die Folgen" (Gerald Grote) finden sich viele Porträts von Schauspielern, die mitwirkten, alle Episoden mit Infos und Bildern, alle Songs, was alles in den Episoden weggesoffen wurde usw...

Bücher, die in Buch 1 nicht erwähnt wurden: z.B. Die Nackten und die Toten (Norman Mailer), Hitler (Joachim C. Fest), Stupid White Men (Michael Moore), Metzler Film-Lexikon (Michael Töteberg), We will rock you - Lexikon berühmter Popsongs (Fischer/Prescher), Das Jazzbuch (Joachim-Ernst Berendt), 1000 Record Covers (Michael Ochs) u.v.a. Ich glaube Stephen Hawkings illustrierte Geschichte der Zeit war da auch noch nicht gelistet... Alles natürlich in der Bibliothek des Autors...

Aus der Wikipedia zu Stand By Your Man (Tammy Wynette, z.B. Titletheme von "Dittsche")

Geschichte

Das Lied wurde nach einer Idee von Wynettes Produzenten Billy Sherrill in den Epic-Studios in nur etwa 15 Minuten geschrieben:

„'Stand by Your Man' is just another way of saying 'I love you—without reservations. (...) I spent 15 minutes writing ['Stand by Your Man'], and a lifetime defending it."

– Tammy Wynette

Das Lied erreichte Ende 1968 Platz eins der US-Country-Charts und blieb dort drei Wochen lang. In den US-Popcharts erreichte das Lied Platz 19. Als das Stück 1975 in Großbritannien veröffentlicht wurde, erreichte es dort Platz 1. Auch gab es 1968 ein recht erfolgreiches Album desselben Namens.

1969 gewann das Lied den Grammy Award für die Best Female Country Vocal Performance. 2010 wurde das Lied von der Library of Congress als eine Ergänzung für 2010 in die National Recording Registry aufgenommen, die Aufnahmen beinhaltet, die "kulturell, historisch oder ästhetisch bedeutend sind". 2001 wurde das Lied von der Recording Industry Association of America (RIAA) auf Platz 48 der Liste der Songs of the Century gesetzt.

Kontroverse

Das Lied wurde von der Frauenbewegung der späten 1960er- und frühen 1970er-Jahre aufgrund seiner Aussage kritisiert, eine Frau solle unter allen Umständen bei ihrem Mann bleiben.

ZEITENUNTERSCHIEDE - oder auch nicht...

10. November 2013 um 21:45

Die Human Nature, schon öfter von mir beschrieben. Zeiten ändern sich, Moden ändern sich, Kultur und Musik ändert sich, Medien und Techniken ändern sich. Aber entwickelt sich die Spezies Mensch weiter? Macht nur ein kleiner Anteil Fortschritte, vielleicht genbedingt oder durch das Ersehen vom Sinn des Lebens? Bestand Gier und Skrupellosigkeit von Bonzen, Politikern, Managern nicht schon immer? Nur gab es damals weniger aufdeckende Medien? Oder gab es z.B. 1975 vielleicht nicht doch mehr Moral? Macht Political Correctness mehr kaputt, als es gutmachen soll? Human Nature: 1973 machte man Telefonsstreiche (auf den komischen Apparaten mit den Wählscheiben, wo Zahlen drinstehen), 2013 Shitstorm auf facebook oder twitter? Damals war garantiert nicht alles besser, das ist Verklärung der Zeiten: die scheiß erzwungenen Sonntagskleidungen, Prügelstrafe in der Volksschule, Mutter bis Anfang der 70er ohne Waschmaschine... Aber auch Straßenfußball, Klauen von Äpfeln oder Kirschen von den Bäumen, frische Luft, Natur. Human Nature: mit anderen Themen oder den gleichen Themen mit anderem Plot, die gleiche Hetzerei, Vorurteile, Klischees - egal ob 1965, 1978, 1998 oder 2013... Apropo 1965: Deutscher Sonntag von Degenhardt -der Song bringt den Spießerzeitgeist jener Jahre gut rüber... 1968er APO, Free Love, Experimente und Idealismus bei Musik, Kunst oder auch Fernsehen - die Langhaarigen von damals kriegen heute von ihren glatzköpfigen Enkeln zu hören, sie sollen diese komischen Led Zeppelin vom Plattenteller runterholen, damit sie die neueste TechnoNummer auf den IPod laden können. Zeitreisen auf you tube zu diversen Musikgenres, TV-Serien, Zeitgeschehnissen - und schon immer diese Human Nature mit Massenmorden von Mensch und Tier, Massenvernichtungswaffen, Naturzerstörungen, Ausbeutungen: Sklaventreiberei zu Zeiten von Kunta Kinte oder Sklaventreiberei auf der Fußball-WM-Baustelle in Katar, Giftgas im 1. Weltkrieg oder in Syrien 2013, Urwaldzerstörungen bei der Entdeckung Amerikas oder Regenwaldzerstörungen derzeit in Südamerika etc, Atombomben 1945 oder Twin Towers 11.9.2001.... Und trotzdem, auch human Nature: LOVE, LOVE, LOVE :-) Immer wieder (und immer öfter?) siegt die Liebe. Es gibt sie, die höhere Macht, die in der deutschen Sprache Gott heißt ;-) Auch für die Human Nature: das Gute - auch wenns noch 300 Jahre oder so dauert - wird siegen!

Liebe ist nur ein Wort (Verfilmung mit Judy Winter), Es muss nicht immer Kaviar sein, Die Antwort kennt nur den Wind... 10 J.-M- Simmel-Bücher sind in meinen Regalen. Suggestionen sind automatisch 70er Jahre, Bücherregal Eltern, Bücherregal Oma/Opa, Bücheregal überall, typische 70er Wohnzimmereinrichtungen, sozial-liberale Koalition, 70er Jahre Moden, 70er Jahre Zeitgeist....

Aus der Wikipedia zum Begriff LIEBE:

Liebe (über mhd. liep, „Gutes, Angenehmes, Wertes" von idg. *leubh- gern, lieb haben, begehren. ist im Allgemeinen die Bezeichnung für die stärkste Zuneigung und Wertschätzung, die ein Mensch einem anderen entgegenzubringen in der Lage ist.

Nach engerem und verbreitetem Verständnis ist Liebe ein starkes Gefühl, mit der Haltung inniger und tiefer Verbundenheit zu einer Person, die den Zweck oder den Nutzen einer zwischenmenschlichen Beziehung übersteigt und sich in der Regel durch eine entgegenkommende tätige Zuwendung zum anderen ausdrückt. Das Gefühl der Liebe kann unabhängig davon entstehen, ob es erwidert wird oder nicht. Hierbei wird zunächst nicht unterschieden, ob es sich um eine tiefe Zuneigung innerhalb eines Familienverbundes (Elternliebe, Geschwisterliebe) oder um eine Geistesverwandtschaft handelt (Freundesliebe, Partnerschaft) oder aber um ein körperliches Begehren gegenüber einem anderen Menschen (Eros). Dieses Begehren ist als körperliche Liebe eng mit der Sexualität verbunden, die jedoch nicht unbedingt auch ausgelebt zu werden braucht (vgl. platonische Liebe).

Liebe wird von der zeitlich begrenzten Phase der Verliebtheit unterschieden.

Gerd

Startseite

Freundschaftsanfragen

Nachrichten

39 Benachrichtigungen

Kontoeinstellungen

Bearbeiten

Listenreich - Danceversion...

21. März 2014 um 14:14

... diesmal fang ich mit Liste erst gar nicht an ;-) Kommen gleich die you tube-Clips mit den famosesten Danceklassikern - Donna Summer und Massive Attack-Videos, siehe LISTENREICH-Notiz, ansonsten:

Gerd Steinkoenig

Gerd Steinkoenig http://youtu.be/3TVfokLE15A

Yello - The Race (12" Extended Mix)

Yello The Race (12" Extended Mix) Fontana 870 330-1 Music composed and arranged by Boris Blank Lyrics and...

YOUTUBE.COM

21. März 2014 um 14:14 · Gefällt mir nicht mehr · 3 · Vorschau entfernen

Gerd Steinkoenig

Gerd Steinkoenig http://youtu.be/YeFqVtFCJEk

Chic - I Want Your Love

This song is called I Want Your Love by Chic with Background Pictures.

YOUTUBE.COM

21. März 2014 um 14:15 · Gefällt mir nicht mehr · 3 · Vorschau entfernen

Gerd Steinkoenig

Gerd Steinkoenig http://youtu.be/5wBTdfAkqGU

2pac feat Dr.Dre - California Love HD

HD

YOUTUBE.COM

21. März 2014 um 14:16 · Gefällt mir nicht mehr · 3 · Vorschau entfernen

Gerd Steinkoenig

Gerd Steinkoenig http://youtu.be/O4o8TeqKhgY

Grandmaster Flash The Message HQ

All rights reserved to Warner Music Group (WMG). this isnt mine it's propety of WMG. i got it from internet i just wanted...

YOUTUBE.COM

21. März 2014 um 14:17 · Gefällt mir nicht mehr · 2 · Vorschau entfernen

Gerd Steinkoenig

Gerd Steinkoenig http://youtu.be/IPF4xuqNMn8

The Andrea True Connection - More More More (1975)

YOUTUBE.COM

21. März 2014 um 14:18 · Gefällt mir nicht mehr · 1 · Vorschau entfernen

Gerd Steinkoenig

Gerd Steinkoenig http://youtu.be/5U6jr8j0jP8

Patrick Hernandez Born to be alive 12

YOUTUBE.COM

21. März 2014 um 14:19 · Gefällt mir nicht mehr · 2 · Vorschau entfernen

Gerd Steinkoenig

Gerd Steinkoenig http://youtu.be/68ePU-qvJnI

Supermax: Love Machine

Supermax: Love Machine/1977

YOUTUBE.COM

21. März 2014 um 14:20 · Gefällt mir nicht mehr · 2 · Vorschau entfernen

Gerd Steinkoenig

Gerd Steinkoenig http://youtu.be/t6vok4q11kE

Sylvester - You Make Me Feel (Mighty Real) 1978

YOUTUBE.COM

21. März 2014 um 14:22 · Gefällt mir nicht mehr · 2 · Vorschau entfernen

Gerd Steinkoenig

Gerd Steinkoenig http://youtu.be/SU9q7X5YUh4

Madonna Open Your Heart

Madonna Open Your Heart

YOUTUBE.COM

21. März 2014 um 14:23 · Gefällt mir nicht mehr · 2 · Vorschau entfernen

Gerd Steinkoenig

Gerd Steinkoenig http://youtu.be/J2lfbGxWLKc

Visage - Fade To Grey (12" Extended Version) (Audio Only)

Eine PLAYLIST des Autors (You Tube)

Genesis Progrock Progpop Rockmusik

GENESIS - THE BEST OF, compiled by GERD St 12..5.16

Gerd Steinkoenig

30 Videos

2 Aufrufe

Zuletzt am 04.09.2016 aktualisiert

1

10:41

Genesis - Duke's Travels/Duke's End

moonlitknight009

10:41

2

6:38

Genesis - Duchess

moonlitknight009

6:38

3

8:54

Genesis - Tonight, Tonight, Tonight + lyrics

amindenandel

8:54

4

10:46

Genesis Domino part 1 and 2

josh musket

10:46

5

9:38

Genesis - Firth Of Fifth

Amit

9:38

6

8:06

Genesis - Ripples

moonlitknight009

8:06

7

6:28

Genesis - Entangled

moonlitknight009

6:28

8

7:36

Genesis - Mad Man Moon

moonlitknight009

7:36

9

10:00

Genesis - One for the Vine

moonlitknight009

10:00

10

4:15

Genesis - Afterglow

moonlitknight009

4:15

11

6:18

Genesis - Your Own Special Way

moonlitknight009

6:18

12

5:28

Genesis - Blood on the Rooftops

moonlitknight009

5:28

13

6:38

Genesis - Mama (album version with lyrics)

Jasontc2006

6:38

14

6:58

Genesis - Abacab

moonlitknight009

6:58

15

7:06

Genesis - No Son Of Mine ('92 Rehearsal)

Kevin Lewis

7:06

16

10:10

Genesis - Driving the last spike (1991)

too0pathetic

10:10

17

4:39

Genesis - Hold on my heart (1991)

too0pathetic

4:39

18

23:06

Genesis - Supper's Ready [Full Song]

TAWhirlwind

23:06

19

10:27

Genesis - The Musical Box

moonlitknight009

10:27

20

10:42

Genesis - The Cinema Show

moonlitknight009

10:42

21

4:57

Genesis - Fly on a Windshield/Broadway Melody of 1974

moonlitknight009

4:57

22

8:13

Genesis - In the Cage

moonlitknight009

8:13

23

5:20

GENESIS - THE CARPET CRAWLERS

ANDRIX

5:20

24

8:48

Genesis Watcher of the Skies

TheMusicisawesome

8:48

25

7:11

Genesis - Burning Rope

moonlitknight009

7:11

26

5:17

Genesis - Deep In The Motherlode

moonlitknight009

5:17

27

4:04

Genesis - Follow You Follow Me

moonlitknight009

4:04

28

3:33

Genesis - Many Too Many

moonlitknight009

3:33

29

7:56

GENESIS - THE FOUNTAIN OF SALMACIS

VideoBoxCover

7:56

30

5:04

Genesis - In Too Deep + lyrics

amindenandel

IN DEM AUGENBLICK, in dem man sich endgültig einer Aufgabe verschreibt, bewegt sich die Vorsehung. Alle möglichen Dinge, die sonst nie geschehen wären, geschehen, um einem zu helfen. Ein ganzer Strom von Ereignissen wird in Gang gesetzt durch die Entscheidung und sorgt für zahlreiche unvorhergesehene Zufälle, Begegnungen, Hilfen. Was immer du kannst, beginne es. Kühnheit trägt Macht, Genius, Magie. Beginne jetzt. (Johann Wolfgang von Goethe)

Goethe hat recht! Dies ist die Erklärung für meinen positiven Weg, mit all den Erfolgen und Ereignissen 2016/17...

TOLERANZ

ist heutzutage fast schon ein Schimpfwort. Schrecklicher noch das Bashing mit dem Wort GUTMENSCH! Heißt also. der Hetzer oder Beleidiger oder rechte Meinungsdiktator ist ein SCHLECHTMENSCH? Wäre ja logisch... Toleranz ist neben anderen Eigenschaften der Kitt unserer Gesellschaft. Allerdings wird hin und wieder mit der Toleranz in Zusammenhang mit der political correctness übertrieben. Warum soll z.B. die nächsten Wochen (Stand: Febr. 2017) der türkische Präsident Erdogan für sein Bestreben nach Diktatur in Deutsachland bei unseren türkischen Mitbürgern werben dürfen? Damit ist man tolerant gegen Intoleranz. Toleranz im positiven Sinne wäre dieser Sampler, den es NICHT im Fanshop des Autors gibt, lach...

Motörhead (Motörhead)

Eloise (Barry Ryan)

Atemlos (Helene Fischer)

Ein Stern, der Deinen Namen trägt (DJ Ötzi)

Love Hurts (Nazareth)

Crazy (Gnarls Barkley)

September (Earth Wind & Fire)

Speed King (Deep Purple)

Rock n Roll (Led Zeppelin)

Liebe ist alles (Rosenstolz)

Janine (Bushido)

Arizona Man (Mary Roos)

Godzilla (Blue Öyster Cult)

Incommunicado (Marillion)

Lock Back In Anger (David Bowie)

Join Me (Him)

Deutscher Sonntag (Franz-Josef Degenhardt)

Free Your Mind (En Vogue)

Without Me (Eminem)

California Love (2 Pac feat. Dr. Dree)

Nur so als Beispiel, 20 Original Hits, 20 Original Stars, wie es in den 70ern in der K-Tel-Werbung hieß... Metal trifft Schlager, Hip Hop trifft Pop...

NACHWORT

Hab ich Big In Japan von Alphaville in Buch 1 erwähnt, No Parlez-Album von Paul Young fehlt auch. Und wieviel, tolle Vinyl- und CD-Sampler in meiner Tonträgersammlung sind, mit vielen Songperlen. So viel schöne Musik, zu leicht geratene Meisterwerke in Vergessenheit. Ein Sampler als Beispiel für Alle: 75 Super-Oldies (5 CD-Box, empfohlen von Good Times, mit Bill Whiters, Dave Brubeck, John Farnham, Georgie Fame, Mr. Mister mit Broken Wings, Terry Jacks mit Seasons In The Sun, La Belle, The Box Tops u.v.a....). Von Love aus den 60ern gibts so ein geniales Album. Von Jim Messina hab ich ne grandiose CD (im damaligen Popshop in KL, Hintergrundmusik gehört, gut befunden, "wer ist das" gefragt, gekauft...). 1982/1983 gab es in MA in der Fußgängerzone ein Plattengeschäft, das ich nie unter 100 DM Ausgabe verließ: Reingekommen, Musik gehört, gut befunden, "wer ist das" gefragt, ah ok Midnight Star, gekauft... Dort hingen an den Wänden die damals hippen Picture Disc, u.a. ergatterte ich Picture Disc von den Beatles, Yes, Genesis... Und Krabbelkasten, wie ich sie nannte, gab es auch. Herrlich, wenn Verkäufer(innen) den historischen Wert von Alben nicht erkannten und ich die Platten dann für 3 oder 5 DM ergatterte... Ich war in den 70ern und 80ern gerne in Plattengeschäften... Eine letzte Bemerkung: ich bin nun in der 4. oder 5. oder 6. Version, bin in meinem 4. oder 5. oder 6. Leben. Den Typen von z.B. 1980 kenn ich gar nicht mehr. Wer war das? Und jetzt fand eine neue Wandlung statt, seit Sommer 2014... VIVA LA VIDA - ES LEBE DAS LEBEN!

Herstellung und Verlag:
BoD - Books on Demand, Norderstedt
ISBN 978-3-7412-4172-7